Commentaire

Par Patrick Olivero

De la nature des choses

L'homme et la mort

Lucrèce

lePetitPhilosophe.fr

LUCRÈCE

POÈTE ET PHILOSOPHE LATIN DISCIPLE D'ÉPICURE

- **Né vers 98 av. J.-C.**
- **Décédé vers 55 av. J.-C.**
- **Son œuvre :**
  - *De natura rerum*, poème

On ne sait pratiquement rien de la vie de Lucrèce : il serait né vers 98 av. J.-C., sans doute à Rome. Les quelques éléments connus ont été transmis plusieurs siècles plus tard, essentiellement par saint Jérôme (vers 347– 419/420), un des pères de l'Église latine, d'après qui Lucrèce serait devenu fou et se serait suicidé. Si l'on peut légitimement suspecter Jérôme d'avoir noirci à dessein le récit de la fin d'un homme qui a prôné la mortalité de l'âme et l'absence de toute espèce de devenir après la mort, la thèse du suicide n'en reste pas moins vraisemblable. Lucrèce, en effet, est témoin, dans la Rome de son temps, d'une grave crise politique et morale.

L'absence de données biographiques précises concernant Lucrèce est mystérieuse, car il ne s'agit nullement d'un poète inconnu ou méconnu à son époque. Certains auteurs modernes ont vu dans ce silence un ostracisme politiquement organisé (ou tacite) contre un homme impie, intellectuellement trop audacieux.

DE LA NATURE DES CHOSES

UNE ÉPOPÉE PHILOSOPHIQUE

Le *De natura rerum* (*De la nature des choses*) se présente comme un poème, c'est-à-dire une œuvre qui ne cherche pas uniquement à convaincre, mais aussi à plaire. Il obéit à des règles de composition codifiées : le vers de Lucrèce est un hexamètre dactylique (vers à six pieds formés chacun d'une syllabe longue et de deux brèves). Il n'est pas simple d'en restituer le mouvement rythmique avec les codes de la poésie moderne ; c'est pourquoi nombreux sont les traducteurs qui ont choisi une traduction en prose.

On peut également qualifier le *De natura rerum* d'épopée, non seulement en raison de son ampleur et de la beauté fulgurante de son style, mais aussi parce qu'il est le récit des pérégrinations de l'humanité des ténèbres vers la lumière, de la superstition vers la vérité, de l'ignorance vers la sagesse. On parlera alors plus justement d'une « épopée philosophique ».

MISE EN CONTEXTE

LUCRÈCE, DISCIPLE D'ÉPICURE

Lucrèce est un **grand admirateur d'Épicure** (341-270 av. J.-C.) et le *De natura rerum* est d'abord une tentative, que l'on peut qualifier de pédagogique, de restituer sous une forme accessible au lecteur romain **les thèses du philosophe grec**. En effet, ce qui nous est parvenu de la volumineuse production d'Épicure est d'une lecture difficile et l'était encore plus pour les Romains de l'époque, plus enclins aux études historiques et pragmatiques qu'aux spéculations philosophiques.

Rappelons en quelques mots les principaux points de l'enseignement d'Épicure. Celui-ci a élaboré :

- une physique issue de l'enseignement de Démocrite (environ 460-370 av. J.-C) : le monde est constitué par une infinité d'atomes indestructibles dont les mouvements et les collisions génèrent la diversité des êtres, lesquels sont des agrégats périssables ;
- une théorie de la connaissance basée sur la sensation : toute connaissance nait de la sensation ;
- une éthique qui vise la santé du corps et la tranquillité de l'âme : il n'y a pas à se soucier des dieux et il n'y a pas de raison de craindre la mort puisqu'aucune partie de nous n'y survit. Par conséquent, le bonheur est à chercher en ce monde, en fuyant la douleur et en pratiquant les vertus, en particulier la tempérance et la maitrise des passions ;
- une théorie du plaisir qui distingue les désirs naturels et

nécessaires (boire si l'on a soif), les désirs naturels et non nécessaires (rechercher, quand on a soif, des boissons agréables) et les désirs ni naturels ni nécessaires (la quête des richesses et des honneurs). Seuls les désirs naturels permettent de diminuer les douleurs ; ceux qui sont vains les aggravent.

L'admiration de Lucrèce pour Épicure se mesure en particulier dans l'éloge qu'il lui fait au début du troisième livre. S'adressant au philosophe, il dit : « Toi qui, de si obscures ténèbres, a pu faire jaillir une si claire lumière illuminant les plaisirs de la vie, c'est toi que je veux pour guide, toi, l'honneur de la Grèce ; c'est dans tes traces que je veux mettre mes pas. » (3, p. 107).

Cependant, **Lucrèce se démarque d'Épicure** par le ton de son discours sur la religion. Épicure a insisté sur le fait que les dieux ne doivent pas être craints et, comme Démocrite, il a affirmé qu'ils possèdent leur place cosmologique propre et qu'ils n'interviennent pas dans le destin terrestre des hommes. Lucrèce ne contredit pas cette analyse, mais il est d'une extrême radicalité dans son discours sur les méfaits, voire les crimes dus à la religion, qu'il considère comme une superstition : « Spectacle lamentable, abject, la vie des hommes se traîne sur la terre, écrasée sous le poids d'une religion dont la face hideuse, surgie des hauteurs du ciel faisait peser sa menace sur les mortels. » (1, p. 19)

STRUCTURE DE L'ŒUVRE

Le *De natura rerum* expose donc **l'enseignement de Démocrite et d'Épicure**, en s'en distanciant parfois. Les visées de Lucrèce sont clairement établies dès les premières pages de l'œuvre comme suit : « Oui, il nous faut analyser précisément les phénomènes célestes, découvrir les lois qui gouvernent le cours du soleil et de la lune, mettre à jour la force qui dirige tout ce qui se passe sur la terre ; mais nous devons surtout jeter toutes les lumières de la raison sur la nature de l'âme et de l'esprit. » (1, p. 21)

L'ouvrage est divisé en **six livres** :

- le livre 1, « Les vérités fondamentales », évoque l'être, le vide et la matière ;
- le livre 2, « Les atomes », aborde les mouvements et les formes des atomes ;
- le livre 3, « L'homme et la mort », traite de la nature de l'âme et de l'esprit, ainsi que de l'attitude de l'homme face à la mort ;
- le livre 4, « Simulacres et illusions », porte sur la sensibilité, les passions, les rêves et l'illusion amoureuse ;
- le livre 5, « L'histoire du monde », parle de la formation et du devenir du monde, de la vie et de l'histoire de l'humanité ;
- le livre 6, « Le livre des météores », enfin, a pour sujet les phénomènes naturels tels que la foudre, les eaux, les phénomènes terrestres, etc.

Nous commenterons ici **le troisième livre, « L'homme et la mort »**. Dans ce dernier, la radicalité du discours antireligieux de Lucrèce induit une position tout aussi tranchée sur **l'attitude que l'homme doit adopter face à la mort**, et donc face à son existence terrestre. Si les dieux ne sont garants d'aucune félicité ou d'aucun tourment dans la vie *postmortem*, si cet au-delà de l'existence n'est que le non-être dans l'infini du temps, alors la vie doit être vécue d'une manière qui assume totalement sa finitude, et non pas dans l'attente d'un bonheur futur ou dans la crainte de châtiments éternels.

EXPLICATION ET ANALYSE DU TEXTE

Le livre 3 du *De natura rerum*, « L'homme et la mort », est organisé autour de trois arguments principaux :

- l'âme et l'esprit sont de nature matérielle et appartiennent au corps ;
- à ce titre, l'âme et l'esprit ne sont pas immortels mais périssent avec le corps ;
- puisque l'âme est mortelle, on ne doit pas craindre la mort qui nous offre « la paix du sommeil » dans « la durée infinie du non-être ».

LA NATURE DE L'ÂME ET DE L'ESPRIT

Animus et *anima*

Lucrèce et Épicure conçoivent ce que les modernes appelleront **« âme »** comme une **association étroite entre deux composantes** :

- *l'anima*, mot traditionnellement traduit par « âme ». *L'anima* est diffuse dans l'ensemble de nos organes. Elle traduit les informations fournies par les sens de manière à assurer la conservation et la santé du corps, et elle répercute aux organes les délibérations de l'esprit ;
- *l'animus* : l'esprit, l'intelligence, l'intellect, la pensée. *L'animus* est en quelque sorte le chef d'orchestre ; il permet la connaissance, le jugement et le choix volontaire.

Mécanismes de fonctionnement

Lucrèce estime que **l'âme et l'esprit sont constitués d'un mélange de quatre substances** : l'air, la chaleur, le « souffle » et une quatrième substance qui ne possède pas de nom et qui est constituée de particules extrêmement « petites, légères et lisses ». **Une telle conception peut être considérée comme obsolète**, car on sait aujourd'hui que les fonctions mentales résultent de l'organisation en réseau de cellules nerveuses (environ cent-milliards de neurones) qui ne sont pas plus « petites, légères et lisses » que les autres cellules, mais qui possèdent un haut degré d'excitabilité et de connectabilité. Mais Lucrèce est allé aussi loin en ce domaine que le permettaient les données expérimentales de l'époque, l'enseignement de ses prédécesseurs et sa propre intuition. Il affirme **le caractère totalement matériel de l'âme et de l'esprit**, leur appartenance au corps au même titre que les autres organes, et donc leur caractère périssable.

L'union de l'âme et de l'esprit

Lucrèce ne semble pas attacher une importance primordiale à la distinction entre *anima* et *animus*. Il ne nie toutefois pas que cette **distinction** existe : ***anima* est la « docile compagne » d'*animus* et l'esprit est, en dernier ressort, le seul soutien de la vie** (« Rester en vie, cela implique que demeurent en nous la pensée et l'esprit », p. 120). Mais il considère **ces deux entités comme un tout indissociable** et, ce faisant, se démarque des écoles qui ont affirmé que l'âme possède une composante mortelle et une composante immortelle. Il donne donc à son dédicataire Memmius,

un homme politique dont il était l'ami, le conseil suivant :
« Efforce-toi, pour ta part, de penser "esprit et âme" là où
tu n'entendras qu'un seul terme, et quand, démontrant leur
qualité mortelle, j'utiliserai le mot "âme", comprends que
je viserai aussi l'esprit : et à juste titre car leur union est si
étroite qu'ils ne forment qu'une seule et même entité. »
(p. 121) Nous ferons nôtre ce conseil et emploierons désor-
mais indistinctement le mot « âme » ou « esprit » pour
qualifier l'ensemble formé par l'*animus* et l'*anima*.

La mortalité de l'âme

Lucrèce consacre une part importante du livre 3 à la
démonstration du point-clé de son argumentation : la
mortalité de l'âme et de l'esprit. Avant d'évoquer les principaux arguments, nous exposerons quelques considérations
générales sur la crédibilité de son argumentation.

L'argumentation de Lucrèce est-elle crédible ?

**Certains arguments peuvent paraitre peu solides au
lecteur moderne**, en particulier quand ils font intervenir la
structure atomique dont sont dotés, selon Lucrèce, l'âme et
l'esprit. Mais cette réticence ne saurait atténuer la **force de
l'argumentation**, et ce pour plusieurs raisons :

- d'une part, nous l'avons dit plus haut, si certaines affir-
  mations basées sur les connaissances du temps sont
  incompatibles avec nos connaissances modernes, cette
  distorsion n'atténue en rien la sincérité de l'argumentation : elle est à la pointe de ce qui pouvait être dit un
  siècle avant notre ère ;

- d'autre part, le lecteur moderne doit se garder de penser que Lucrèce écrit pour le XXIe siècle ! Les conceptions qu'il expose au sujet de la nature de l'âme étaient parfaitement compatibles avec tout ce que l'Antiquité gréco-latine enseignait ;
- enfin, on doit garder présent à l'esprit, quelles que soient nos convictions religieuses, que nous sommes inconsciemment marqués par la conception chrétienne qui fait de l'âme l'entité immortelle qui nous survit et dont nous devons assurer le salut. La pensée chrétienne a désincarné l'âme, alors que dans l'Antiquité, à travers diverses théories parfois contradictoires, l'âme était tout entière ou en partie le siège de la vitalité et de ce que nous appelons aujourd'hui le psychisme. L'argumentation de Lucrèce s'inscrit dans ce contexte culturel.

Argumentation

Il est indubitable que **l'âme nait avec le corps** et que **le développement de l'âme suit un processus parallèle à celui du corps**. L'enfant nait faible et son discernement (l'esprit) est peu solide. Avec l'âge, son corps se renforce et ses capacités de jugement se consolident. Quand vient la vieillesse, le corps s'affaiblit et l'intelligence devient « boiteuse », pour reprendre les termes de Lucrèce. Enfin, l'âme, comme le corps, « succombe à l'épuisement de l'âge ». Comment pourrait-elle être à la fois immortelle et obéir à un processus temporel qui aboutit à sa corruption ?

L'âme, dit Lucrèce, est **vulnérable aux maladies au même titre que le corps**. Quand le corps est malade, l'esprit se détériore également : d'une part il est habité par la peur et inquiet d'éventuelles conséquences fatales ; d'autre part, on constate souvent, chez les malades, un affaiblissement, voire une disparition de certaines facultés gérées par l'âme (l'homme inconscient, par exemple, n'entend plus les voix qui lui parlent). L'âme peut donc souffrir et pâtir tout comme le corps, et l'on sait que « souffrances et maladies sont toutes deux génératrices de mort ».

Un homme frappé par la foudre s'écroule et toutes ses fonctions vitales (contrôlées par l'âme) deviennent erratiques ; quand la crise est passée et que l'homme se redresse, les mêmes facultés vitales se normalisent, preuve **du parallélisme des processus corporels et psychiques**. **L'âme**, selon Lucrèce, est un **tissu formé d'atomes extrêmement ténus qui se meuvent grâce aux molécules d'air qui les entourent**. Lorsque le corps est vivant, les mouvements de ces atomes sont contenus par la paroi des organes ou d'autres composants corporels. Mais quand le corps se dissout, nul obstacle ne les contient et le dépérissement physique s'accompagne de soubresauts et d'exhalaisons dus à la dissolution des éléments qui, selon Lucrèce, composent l'âme. Le mourant sent bien que son âme subit un « terrible ébranlement » de ses facultés, que le corps l'entraine dans sa chute et que, en quelque sorte, elle « gémit sur sa dissolution ». Est-ce là le comportement d'une entité immortelle ?

De multiples exemples, lors des combats guerriers, montrent que **l'homme dont un membre a été sectionné conserve toute son ardeur agressive** alors que le membre séparé du corps possède encore suffisamment d'animation vitale pour être parcouru de tressaillements quelques instants. De même, lorsqu'un serpent est coupé en plusieurs tronçons, chaque tronçon se tord, s'agite et semble chercher, par des mouvements désordonnés, à supprimer la douleur qui l'accable. Ces constatations montrent que **l'âme** (c'est-à-dire, dans ces exemples, l'*anima* qui interprète les informations des sens) **est divisible comme le corps**, et que, à ce titre, **elle ne peut constituer une totalité immortelle**.

Si l'âme est immortelle, qu'elle erre dans on ne sait quels espaces et vient habiter notre corps au moment de la naissance, pourquoi ne gardons-nous aucun souvenir de ses réceptacles passés ? Et pourquoi l'âme, qui nous rejoint tout entière lorsque nous accédons à l'existence, devrait-elle se plier au processus de formation et de maturation évoqué plus haut ? Si l'on admettait que l'âme ne nait pas avec le corps mais que, au gré de son immortelle existence, elle vienne se loger dans le corps lorsqu'il accède à la vie, comment imaginer ce que pourrait être la sélection des corps par les âmes ? Lucrèce décrit avec humour cette incroyable hypothèse : « Imaginer les âmes attentives aux accouplements sexuels des êtres et à la mise bas des femelles animales, imaginer que des immortelles attendent en foule de trouver un corps mortel et rivalisent de rapidité et de souplesse pour s'y glisser en premier, voilà vraiment le comble du ridicule ! À moins qu'elles n'aient conclu un pacte, ces âmes, en vertu duquel la première arrivée, à force d'ailes, auprès d'un corps, aura le droit de s'y glisser la première sans donner lieu à aucune contestation ni violence. » (p. 133)

Chaque chose, dans la nature, a sa place : « Les arbres ne peuvent flotter dans les airs. » **La place de l'âme est dans le corps** et, qui plus est, dans certains endroits précis du corps. Imaginer l'âme hors du corps est aussi incongru que de penser que des poissons puissent vivre dans les champs : « Le lieu où chaque chose peut demeurer et croître est fixe et déterminé. » (livre 4, p. 133) En outre, l'idée qu'au fil des pérégrinations des âmes, il puisse y avoir une cohabitation du mortel et de l'immortel, apparait à Lucrèce comme la plus « illogique », la plus « incohérente » et la plus « inesthétique » des hypothèses : c'est, dit-il, « une pure folie ».

CONCLUSION

Selon Lucrèce, **l'hypothèse religieuse ou philosophique de l'immortalité de l'âme rend terrifiante la mortalité du corps** pour deux raisons :

- d'une part, elle alimente chez l'homme la crainte des châtiments qui pourraient lui être réservés aux enfers ;
- d'autre part, elle l'empêche d'assumer totalement sa vie, puisque cette vie est alors conçue comme une parenthèse dont il faut jouir le plus rapidement et le plus diversement possible. Nous verrons plus loin que cette frénésie perverse de la vie est une souffrance qui peut conduire à la haine de soi.

Par contre, Lucrèce affirme avec vigueur, et par différentes voies, que **l'âme est d'essence matérielle**, qu'elle nait avec le corps, qu'elle meurt avec lui et que l'on ne peut d'aucune manière envisager qu'elle soit immortelle. **Quand l'homme a acquis cette certitude, il peut penser la mort avec**

sagesse ou, plus exactement, ne plus la penser puisque la mortalité de l'âme implique que « la mort ne nous concerne en rien ».

L'HOMME ET LA MORT

La réflexion de Lucrèce sur la mort a pour fondement la célèbre phrase d'Épicure :

> « Ainsi celui de tous les maux celui qui nous donne le plus d'horreur, la mort, n'est rien pour nous, puisque, tant que nous existons nous-mêmes, la mort n'est pas, et que, quand la mort existe, nous ne sommes plus. » (ÉPICURE, *Lettre à Ménécée*, p. 397-440)

La mort est un paisible sommeil

Selon Lucrèce, nous n'avons connu aucune douleur dans le passé puisque nous n'étions pas ; dans le futur nous n'en connaitrons aucune puisque nous ne serons plus. **La douleur n'a pas lieu d'être hors du cadre de notre vie terrestre.**

Lucrèce souligne d'ailleurs que, même si nous admettons que les atomes sont indestructibles et que les briques élémentaires dont nous sommes constitués aient pu jadis, ou pourront demain, appartenir à d'autres êtres, « tous les mouvements de nos composants se sont dispersés au hasard » et l'unité de l'être n'existe plus dans la mort. Nous ne pouvons ressentir ni les douleurs, ni les plaisirs des êtres passés ou futurs auxquels nos atomes participent.

Par conséquent, **rien de redoutable n'est à craindre après**

la mort puisqu'**il faut être pour souffrir**. La plupart des hommes, dit Lucrèce, se lamentent à l'idée de leur fin iné-luctable. Ils regrettent par anticipation toutes les douceurs de la vie. Mais ils oublient pourtant que ce que la mort leur ôtera essentiellement, c'est le regret de ces douceurs. **La mort est un sommeil apaisé et éternel** ; pourquoi donc serions-nous effrayés par cette perspective ? « Qu'y a-t-il de si amer dans l'idée que tout se ramène au sommeil et à la paix ? », se demande Lucrèce.

L'enfer est sur terre

L'homme, dit Lucrèce, s'impose à lui-même une **course effrénée vers des plaisirs toujours plus nombreux** : dès qu'un plaisir est atteint, il reprend sa course vers des plaisirs nouveaux, jamais rassasié, toujours avide d'en amasser le plus possible dans la crainte de la mort.

Au vieillard qui se lamente sur sa mort prochaine, la na-ture dit : « Sèche tes larmes, pauvre bouffon et rentre tes plaintes ! [...] À toujours désirer ce qui n'était plus ou ce qui n'était pas, à toujours mépriser l'instant présent, ta vie t'a échappé, te laissant un sentiment d'inaccompli, un goût amer. » (livre 3, p. 140) Pourquoi « un goût amer » ? Il faut garder présent à l'esprit que, pour Lucrèce, tous les senti-ments de l'homme se résument fondamentalement en deux termes : le plaisir et la douleur. Or, **la recherche du plaisir n'est aucunement un plaisir en soi** ; c'est au contraire une douleur, car l'insatisfaction est une souffrance. La crainte de la mort induit une perpétuelle fuite en avant qui va à l'encontre de la sérénité. Lucrèce ne prône donc pas une vie contemplative et oisive, mais une vie sereine.

À ce stade, le vers du philosophe atteint une extrême beauté dramatique (p. 141) :

- évoquant Tityos, demi-dieu mythique condamné à être dévoré éternellement par des vautours, il écrit : « Tityos est en nous, dans cet amour [de la vie] qui fait de nous des gisants, des vaincus mis en pièces par des vautours, des êtres que l'angoisse étreint, que dévore l'anxiété ou que dévore toute autre inquiète passion » ;
- de Sisyphe, qui roule sans fin un rocher lui échappant dès qu'il atteint le sommet de la montagne, il dit : « Et Sisyphe est sur terre, sous nos yeux : c'est l'homme qui s'acharne à briguer les suffrages du peuple [...], candidat toujours déçu, toujours vaincu, qui doit toujours céder la place » ;
- enfin dans les Danaïdes, condamnées à remplir sans cesse des vases brisés, il voit l'image de l'homme condamné à « trouver de quoi nourrir perpétuellement une âme naturellement insatisfaite, la combler sans cesse de biens sans jamais la rassasier ».

Ces images de **l'éternel recommencement des douleurs**, que les fables enseignent, décrivent, par analogie, la souffrance de l'homme : **l'enfer est sur terre** pour les insensés qui ne savent pas jouir sereinement des « fruits de la vie ».

La haine de soi

Paradoxalement, **ces hommes insensés** qui s'épuisent à vivre ne **sont pas ignorants du poids qui les accable** : ils ont le « sentiment du poids qui pèse sur leur esprit », **mais n'en connaissent pas l'origine**. Ils errent, souvent indécis, d'une lassitude à l'autre, d'un désir à un autre, tenaillés par une confuse et vaine aspiration à l'immortalité. La pointe ultime de la souffrance se situe dans la distance que l'homme cherche à prendre avec lui-même : « Chacun se fuit soi-même, et cet être qu'il nous est impossible de fuir, auquel, bien malgré soi, on reste attaché, on le hait ». (p. 143-144)

CONCLUSION

L'âme est d'essence matérielle : elle nait avec le corps et meurt avec lui. Dès lors que l'on possède cette certitude, on doit penser la vie comme une étincelle dans le sommeil éternel du néant et la durée infinie du non-être. De même que, dans le passé, nous n'avons connu aucune douleur puisque nous n'étions pas, dans le futur, nous n'en connaitrons aucune puisque nous ne serons plus. La mort est un sommeil apaisé et éternel qui nous ôte jusqu'au regret des douceurs que la vie a pu nous réserver. Mais l'homme est avide de thésauriser toujours plus de plaisirs ; sa vie est une fuite en avant, une quête perpétuellement insatisfaite qui le plonge dans la souffrance : l'enfer est sur terre pour les insensés qui ne savent pas jouir sereinement des fruits de la vie. Ces hommes insensés qui s'épuisent à vivre sont conscients du poids qui les accable mais en ignorent l'origine. Ils supportent leur vie comme un fardeau et en viennent à se haïr eux-mêmes. Par contre, « en niant les dieux indignes et criminels [Lucrèce] prend lui-même leur place. Il sort du camp retranché et commence les premières attaques contre la divinité au nom de la douleur humaine. » (CAMUS, *L'Homme révolté*, p. 49). Il semble donc, pour reprendre les paroles d'Ovide, que « Les vers du sublime Lucrèce ne périront que le jour où périra le monde » (OVIDE, *Amours*, 1, 15).

Votre avis nous intéresse !
Laissez un commentaire sur le site de votre librairie en ligne
et partagez vos coups de cœur sur les réseaux sociaux !

POUR ALLER PLUS LOIN

- COLLECTIF, *Histoire de la philosophie*, Paris, Gallimard, 1969, tome 1.
- COLLECTIF, *Dictionnaire des philosophes. Nouvelle édition augmentée*, Encyclopædia Universalis, Manchecourt, Albin Michel, 2006.
- CAMUS (Albert), *L'Homme révolté*, Paris, Gallimard, 1973.
- ÉPICURE, *Lettre à Ménécée*, traduction d'Octave Hamelin, in Revue de Métaphysique et de Morale, no 18, 1910.
- LUCRÈCE, *De la nature des choses*, traduction de Chantal Labre, Évreux, Arléa, 1992.
- PLATON, *Charmide*, Œuvres complètes, Paris, Gallimard, 1963, tome 1.

Rendez-vous sur lepetitphilosophe.fr et découvrez :

Plus de 1200 analyses
Claires et synthétiques
Téléchargeables en 30 secondes
À imprimer chez soi

L'éditeur veille à la fiabilité des informations publiées, lesquelles ne pourraient toutefois engager sa responsabilité.

© LePetitPhilosophe.fr, 2017. Tous droits réservés.

www.lepetitphilosophe.fr

ISBN version numérique : 978-2-8062-4586-1
ISBN version papier : 978-2-8062-4626-4
Dépôt légal : D/2017/12603/549

Conception numérique : Primento,
le partenaire numérique des éditeurs.

Made in the USA
Monee, IL
08 July 2026

56666546R00015